AF466695

LE COMTE DE CHAMBRUN

AUX MONTAGNES D'AUVERGNE

MES NOUVELLES CONCLUSIONS SOCIOLOGIQUES

Justice et Charité.

PARIS
CALMANN LÉVY, ÉDITEUR
3, RUE AUBER, 3

1893

AUX MONTAGNES D'AUVERGNE

MES NOUVELLES CONCLUSIONS SOCIOLOGIQUES

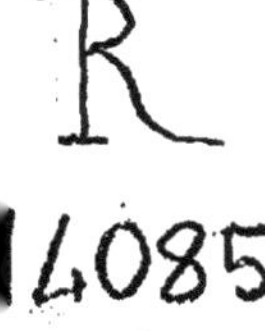

LE COMTE DE CHAMBRUN

AUX MONTAGNES D'AUVERGNE

MES NOUVELLES CONCLUSIONS SOCIOLOGIQUES

Justice et Charité.

PARIS

CALMANN LÉVY, ÉDITEUR

3, RUE AUBER, 3

1893

LA QUADRATURE DU CERCLE

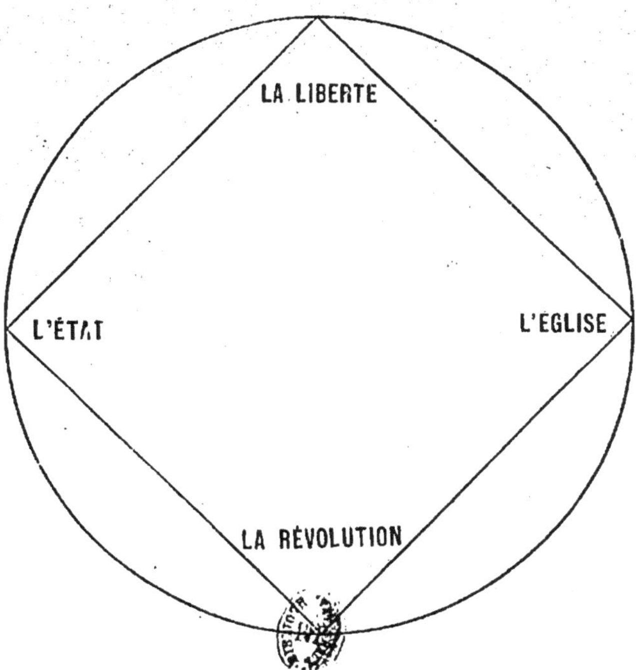

Le carré, si vous doublez, triplez, multipliez indéfiniment ses lignes et ses angles, se rapproche peu à peu de la circonférence; jusqu'à ce que enfin il s'y confonde et identifie. Or, qu'est-ce que mon carré? Le socialisme. Et qu'est-ce que mon cercle? La civilisation : elle sera socialiste ou elle ne sera pas.

Mont-Dore, 11 août 1892-1893.

AUX MONTAGNES D'AUVERGNE

MES NOUVELLES CONCLUSIONS SOCIOLOGIQUES

Justice et Charité.

Ces nouvelles conclusions comprennent trois choses relativement à mon travail de 1892 : des insistances, des additions, des amendements.

A. — LA SOLUTION. — J'insiste d'abord et avant tout sur mon carré final de 1892. Il se présente, on le sait, non point par l'un de ses côtés, mais par l'un de ses angles qui en forme ainsi la sommité : c'est la Liberté.

Dans les deux angles d'axe; deuxième angle, j'inscris l'Église; troisième angle, j'inscris l'État; enfin, je termine, après le zénith de la Liberté, par ce nadir, la Révolution, avec cette condition formelle proposée par Bebel, Liebknecht, Singer, par les quarante-quatre députés du Reichstag, que la Révolution discute, qu'elle ne fasse jamais aucun appel à la violence.

J'ai mes préférences, sans doute, j'ai mon ordre de priorité, et je viens de le rappeler; mais en ces matières difficiles, presque insolubles, je fais signe à tout homme de bonne volonté; j'ai pour méthode l'éclectisme, je n'exclus que la dynamite; et dès mes premiers pas je l'avais dit.

B. — LA MUNICIPALITÉ DE LONDRES. — Lord Rosebery, MM. Asquith et Acland paraissent être, dans le cabinet de M. Gladstone, les trois ministres qui représentent le socialisme : je les observe et je les attends. Au préalable ce qui m'intéresse et ce que je retiens dans cette réunion à Londres — décembre 1892, — c'est l'apparition d'un nouveau socialisme : « le socialisme municipal. » J'affirmerai volontiers que mes catégories et mes divisions sont toujours établies avec tant de soins, après tant d'efforts et de méditations, qu'elles embrassent toute la matière dont il s'agit, l'étreignent, la saisissent et l'anatomisent d'un scalpel qui, après lui, ne laisse rien à faire de plus.

Lors donc que je viens de dire qu'il y avait quatre socialismes, il n'y en a pas cinq.

En effet, je reprends mes quatre termes, les quatre angles de mon carré : Liberté, Église, État, Révolution. Qu'est-ce que le socialisme municipal? Il n'exprime pas, il ne constitue pas un principe initial, essentiel, fondamental, mais un sous-principe, une subdivision. N'est-il pas simple comme bonjour qu'il s'agit là du socialisme de l'État, de l'une des parties de l'État, la commune, de même qu'il pourrait y avoir le socialisme de la province, et, en France, celui du département, du conseil général?

Ce nouveau venu, d'ailleurs, ne me dit rien qui vaille, surtout en ce qui concerne mon pays. Je n'ai aucune confiance dans l'esprit municipal de la France, du moins pour les grands centres où cet esprit devient aisément anarchique; il suffit, sans rechercher d'autres souvenirs, de regarder l'Hôtel de Ville, et en remarquant qu'il est tout neuf bâti, de savoir comment et pourquoi.

Je n'hésite jamais à considérer en face mes déconvenues, mes mécomptes. Pendant deux longues années de ma vie parlementaire, 1868-1869, j'ai lutté seul, en commission, contre MM. Rouher, Magne, Vuitry, Haussmann, afin d'obtenir, au lieu du conseil municipal nommé de ma ville natale, Paris, un conseil municipal élu. A défaut de cette action personnelle — ce qui m'arrive souvent, — les événements me l'ont donné; et combien de fois n'ai-je pas regretté, depuis, le conseil municipal nommé?

Passons. Les problèmes du socialisme sont insolubles, je l'ai répété souvent. Pour y toucher, je n'accepte que les plus grandes forces de l'histoire et je les ai précisées, définies, catégorisées, dans leur ordre de prééminence, de priorité : la Liberté, l'Église, l'État, la Révolution. Donc, même en Angleterre, je me soucie médiocrement de cette délégation du socialisme de l'État : le conseil municipal de Londres.

J'aime les voyages : je viens de traverser la Manche et je vais passer le Rhin. Il s'agit du socialisme de la chaire; on me l'oppose comme un genre ou une espèce qui n'a pas été nommé avec les autres végétaux et animaux dont j'étudie l'histoire naturelle. Je réponds : le socialisme de la chaire, les professeurs si célèbres et les universités si nombreuses en Allemagne relèvent à la fois de leur intelligence, de leur initiative, de leur enseignement, et des institutions, des lois et règlements qui leur sont prescrits, imposés. S'il s'agissait de la France, sans aucune hésitation, sans aucun doute, je dirais que le socialisme universitaire relève du ministre de l'instruction publique, de ce grand maître qui a été créé au commencement du siècle par Napoléon : « Il est dix heures quinze minutes, tous les élèves de tous nos lycées font en ce moment le même thème grec. » Et j'écrirais : Je reconnais là une forme nouvelle, une forme de plus du socialisme de l'État. Chez nos voisins je me trouve placé entre les deux termes d'un dilemme, sur lesquels déjà je me suis expliqué, le socialisme de la Liberté ou le socialisme de l'État. Mon interlocuteur ou à vrai dire ma spirituelle et charmante interlocutrice d'hier ne m'a donc rien appris et je n'avais rien oublié.

Pendant que j'y suis, je réfute une autre objection qui m'a été faite récemment. On m'a dit : Et le socialisme rural? Voici ma réplique : Après l'avoir désigné, j'ai passé un peu à côté, puisque, sans insister sur les faits et sur les causes, il n'y a pas, à vrai dire, de question agraire en cette terre de France, qui se trouve répartie et attribuée entre les mains de tous : *Latifundia Italiam perdiderunt,* et ils peuvent encore en perdre d'autres; mais les parcelles, les lopins sauvent mon pays. Ailleurs, la question, résolue pour nous, le sera par la Liberté, l'Église, l'État, la Révolution; mais je n'ai commis aucune inadvertance, et il n'y a pas de cinquième terme : ma nomenclature scientifique est empruntée, non à l'objet, mais au sujet, à cette force primordiale, créatrice, motrice, à la vapeur, à l'électricité qui, dans l'espèce, prend les noms sacrés que j'ai inscrits sur mes étendards : car, je l'ai dit, je suis un soldat.

C. — MON CONSEIL PATRONAL. — Après ma principale insistance, quelle est mon addition la plus importante? Les cris et le tumulte ne me dérangent jamais longtemps. Je me rappellerai et je verrai toute ma vie ce vieux Vendéen qui, assailli à la tribune de l'Assemblée nationale à Versailles, en décembre 1875, par une volée de jeunes hobereaux légitimistes, leur répondait : « Messieurs, je vous connais, vous ne me « faites pas peur. » Et moi aussi je dis à mes contemporains, lorsqu'ils me menacent et m'invectivent : « Messieurs, je vous connais, « de Chateaubriand à Ernest Renan, et vous « ne me faites pas peur. » J'ai mon cheval de bataille; vous voulez dire mon dada, dites-le, c'est mon conseil patronal ou d'usine. J'en suis l'inventeur; il réside donc d'abord dans la liberté, mais elle serait trop lente; socialiste libre au début, je deviens presque aussitôt socialiste d'État. La *Revue des Deux Mondes* et le *Journal des Débats* en penseront ce qu'ils voudront. (Toutefois, expliquons-nous bien : je touche à la législation, je l'invoque; mais je respecte le budget, ne lui demandant rien, pas un centime.)

Il me faut donc une loi, un code, non point facultatif, mais obligatoire, qui prescrira article par article tout le mécanisme et le fonctionnement, les conditions, les devoirs et les droits, les variations utiles, nécessaires du conseil patronal ; sans doute quelque jour j'en rédigerai le texte et je le proposerai à la libre discussion des hommes compétents, du public. *Res olim dissociabiles miscuit, principatum et libertatem.*

J'ai eu, bien jeune encore, un maître illustre, l'historien de la Révolution et de l'Empire, le premier Président de la République française, Thiers. En son salon de la place Saint-Georges j'ai passé mes meilleures soirées. Thiers avait des habitudes invariables et constantes : après le dîner il s'installait dans un bon fauteuil et y dormait pendant environ une heure du plus profond, du plus doux sommeil. Mais quel réveil et comme nous jouissions tous de cette grande et vive intelligence un instant apaisée, reposée et qui n'en était alors que plus intense et plus lumineuse : des projections de lumière électrique. Que nous racontait-il donc? Ce qui l'avait préoccupé tout le jour et dès l'aube, le discours que des semaines ou même des mois à l'avance il préparait pour la tribune. Dégringolant de cette gloire à mon obscurité, moi c[illegible]i, en ma retraite, je suis entouré souvent d'amis ou d'élèves, — car j'ai dépassé, il y a longues années, l'âge où l'on reconnaît des maîtres, et d'ailleurs je n'en ai jamais reconnu beaucoup; — dans mon cabinet de travail, dans mes jardins, dans mon salon, j'expose mes brochures, j'observe les effets produits, j'écoute les objections, puis sans cesse je corrige et je perfectionne. Contre mon conseil patronal on dit : Mais l'ouvrier selon vos vœux et votre modèle votera, discutera, pérorera, il ne travaillera plus; dans tous les cas il travaillera moins : le monde manquera de fonte de fer et de calicot.

Ah, ah ! Vous me touchez au vif et je vais le prendre de haut. Il y a dans l'existence : Dieu, l'homme et l'univers. Le troisième et dernier terme a longtemps possédé, détenu le second, notre humanité, et il y en a de grands et beaux symboles dans toutes les vieilles civilisations, dans les vallées de l'Euphrate, du Nil et du Gange. Le plus célèbre est le sphinx de l'Égypte : comme il signifie que, des forces naturelles et spontanées de la matière, l'âme, la société humaine, ne sont pas encore dégagées, affranchies! Eh bien! à quarante siècles de distance ou davantage, grâce à l'économie politique, voilà la matière qui de nouveau nous étreint et nous saisit. Penchés sur elle, enveloppés, retenus en vérité dans tous ses engrenages, nos ouvriers ne sont plus que comme des dépendances, des appendices et des annexes des choses. Eux aussi ils deviennent comme du calicot et de la fonte de fer, ils n'ont plus d'âme, ils n'ont plus de Dieu. Si je ne puis leur rendre Dieu, du moins je leur restitue leur âme. Qu'après les six journées de labeur ils retrouvent donc la journée de repos, la journée dominicale, et s'ils ne vont pas jusqu'à l'Église, que du moins entre eux, comme des hommes et comme des citoyens, ils discutent, après les patrons, avec les patrons, toute l'administration, toute la direction, toute l'intelligence de l'usine ; que parmi eux ils reconnaissent, désignent, élisent les plus dignes et les meilleurs; apparemment mieux vaut-il que d'aller au cabaret.

Je n'ai pas tout dit. O Parisiens! ô Athéniens! mes chers et spirituels compatriotes, qu'y a-t-il de nouveau parmi vous? Est-ce qu'il n'y a pas quelque chose de nouveau? Vous ne l'avez donc pas remarqué? La première visite de nos amis les Russes, n'a-t-elle pas été pour leur Église? Une autre de leurs visites n'a-t-elle pas été pour votre archevêque que dans vos si nombreuses listes d'invitations vous aviez oublié? Enfin il y a un détail encore que je voudrais vous rappeler, c'est que sur tous ces grands et fiers navires à Toulon, parmi tant d'officiers, de matelots et de soldats, il y avait un prêtre, et que ce prêtre, deux fois chaque jour, devant tout l'équipage agenouillé, récitait le matin et le soir la prière.

D. — AU MASSACHUSSETS. — Mon conseil patronal peut et doit être considéré comme le couronnement de l'édifice. Observons, étudions toutes les premières assises, toutes les premières constructions de l'arbitrage et de la conciliation.

En France, se présente d'abord la loi du 27 décembre 1892, dont je reproduis l'intitulé : « Loi sur la conciliation et l'arbitrage « en matière de différends collectifs entre « patrons et ouvriers. » Cette loi n'est pas bonne : elle est mauvaise. En matière de législation, ce qui importe tout autant que les lois elles-mêmes et leurs procédures, ce sont les juridictions. Qui nous donnera le prêteur de Rome; qui nous donnera le *justus judex?* Que peut faire le juge de paix de Baccarat, l'un des plus minces représentants de l'ordre judiciaire, révocable à merci, entre, d'une part, les deux mille ouvriers de l'usine et, d'autre part, la propriété, le capital proportionnel à cette main-d'œuvre? Or, Baccarat est une usine moyenne. Qu'adviendra-t-il s'il s'agit d'Anzin, de Blanzy, ou du Creusot et de ses vingt mille ouvriers?

Au-dessus du juge de paix, arrive le tribunal de Lunéville; au-dessus la cour d'appel de Nancy. La cour elle-même serait envoyée à la promenade à la fois par les patrons et par les ouvriers de Baccarat.

(Ces lignes étaient écrites lorsque, en date du 22 septembre, le ministre de l'intérieur a donné ses ordres, pour l'exécution de la loi dont est question, aux juges de paix des départements du Nord et du Pas-de-Calais. Tout aussitôt ils ont parlé, écrit, affiché... dans le Sahara.)

Les États-Unis d'Amérique ont mieux fait, mieux réussi, et je prendrai pour exemple le Massachussets, sa capitale Boston, sa loi du 14 mai 1887. Cette loi institue un tribunal spécial, technique, professionnel, qui est composé comme suit : le gouvernement de l'État nomme d'abord un patron et un ouvrier; ces deux premiers membres ainsi désignés en choisissent eux-mêmes un troisième qui sera leur président. Puis, ils s'adjoignent un secrétaire et au besoin des experts. Selon les circonstances, cette juridiction siège à Boston même, ou bien elle se rend sur les lieux. Elle ouvre des enquêtes, elle entend les parties intéressées, elle assigne des témoins, puis elle prononce.

En voici l'histoire, les principaux documents, les chiffres :

Budget du conseil officiel d'arbitrage : trois membres du conseil, 6000 dollars; un secrétaire, 900; frais de voyage, 800; divers, comprenant sténographe, expertise, poste, téléphone, impressions, etc., 1300. Total, 9000 dollars.

Affaires examinées par le conseil : 1887, 22; 1888, 42; 1889, 23; 1890, 33. Total, 120.

Conciliations faites sous l'influence du conseil : 1887, 3; 1888, 8; 1889, 9; 1890, 9. Total, 29.

Rentrées à l'atelier pendant les opérations de l'arbitrage : 1887, 7; 1888, 12; 1889, 6; 1890, 6. Total, 31.

D'autres États, le New-York, la Californie, le New-Jersey, ont des institutions analogues dont l'autorité est acceptée, reconnue, et qui fonctionnent avec succès. L'initiative avait été prise par le président Cleveland. A l'ouverture de la première session du 49e congrès, le 22 avril 1886, il avait adressé le message suivant au Sénat et à la Chambre des représentants :

« La Constitution impose au président le « devoir de recommander de temps en temps « à l'attention du Congrès les réformes qu'il « juge nécessaires et utiles. Je suis si pro- « fondément convaincu de l'importance qu'il « y a à considérer immédiatement et avec le « plus grand soin le problème que de récents « événements et la situation présente ont mis « à jour, concernant le règlement des diffé-

« rends entre patrons et ouvriers, que je dois « recommander au Congrès de légiférer sur « une matière aussi sérieuse et aussi ur- « gente. Sous notre forme de gouvernement, « on devrait spécialement reconnaître la « valeur du travail comme un élément de « la prospérité nationale, et le bien-être de « l'ouvrier devrait attirer particulièrement « l'attention du législateur. Dans un pays qui « offre à tous ses citoyens le plus haut degré « de développement social et politique, il « n'est ni juste, ni prudent de regarder les « ouvriers comme irrévocablement condam- « nés à rester dans les limites de leur classe, « comme n'ayant droit à aucune sollicitude « et ne pouvant protester contre la négligence « dont ils sont l'objet. Le travailleur, colla- « borateur indispensable de nos développe-

« ments et de nos progrès, peut réclamer « avec énergie et comme un droit que le « législateur le protège, comme il le fait « pour tout citoyen ayant des droits impor- « tants ; il faut écouter ses demandes lors- « qu'elles sont raisonnables, avec un esprit « assez conciliant et assez équitable pour « l'amener à apporter sa coopération ardente, « féconde et patriotique dans la poursuite de « notre grande destinée nationale. »

De même le pape Léon XIII, dans son Encyclique, a dit :

« Afin de parer aux réclamations éven- « tuelles qui s'élèveraient dans l'une ou l'au- « tre classe — des patrons et des ouvriers, « — au sujet des droits lésés, il serait « très désirable que les statuts mêmes char- « geassent des hommes prudents et intè-

« gres de régler le litige en qualité d'ar-
« bitres. »

En la fin du XIXe siècle il y a quatre grands hommes : le pape Léon XIII, le Président Cleveland, le tzar Alexandre III, William Gladstone.

POST-SCRIPTUM. (Au moment où l'on m'imprime.) Aussi bien en Angleterre qu'en Amérique, à la différence de notre mauvaise législature de 1892, ce n'est pas à un fétu de paille que l'on s'adresse pour apaiser et régler l'ouragan, la tempête, le cyclone des grèves. Lorsque enfin le ministère britannique se décide à intervenir et à proposer ses bons offices, sa conciliation, son arbitrage, dans les houillères dévastées, — son mandataire, à défaut du président du Conseil lui-même, est le personnage principal du cabinet, lord Rosebery.

E. — ALEXIS DE TOCQUEVILLE. — « Le grand péril des âges démocratiques, soyez-en sûr, c'est la destruction ou l'affaiblissement excessif des parties du corps social en présence du tout. Ce qui relève de nos jours l'idée de l'individu est sain. » Ces paroles de l'auteur de la *Démocratie aux États-Unis d'Amérique* me sont rappelées par un ami qui veut me prémunir contre mon socialisme ; or, il ne me prémunira pas.

Tocqueville est l'un de mes ascendants et de mes maîtres, avec le duc de Richelieu, le comte Molé, Casimir Perier, d'autres encore. Sans doute, j'éprouve pour lui quelques sentiments particuliers d'affection et de reconnaissance, parce qu'il m'a donné mon ami le Yankee, de même qu'à cinquante années de distance MM. de Vogüé et Anatole Leroy-Beaulieu m'ont donné mon ami le Moujik.

A vrai dire, je me les suis peut-être donnés moi-même comme toutes choses. Volontiers je répète à mes médecins : « Expliquez-vous, « expliquez-moi ; vos médicaments ne pour-« ront me guérir que si d'abord ils ont tra-« versé, pénétré mon cerveau. »

L'individualisme était bon à l'époque où écrivait Tocqueville; la civilisation de notre ère en a vécu jusqu'à ces derniers jours sous des formes variées, renouvelées, transformées; mais elle ne saurait plus en vivre aujourd'hui. C'est une lanterne magique que l'histoire universelle; les verres et les optiques n'en sont jamais les mêmes, pas plus qu'on ne traverse jamais deux fois le même fleuve. De nouveaux principes, de nouveaux besoins s'imposent aujourd'hui de l'Occident, San Francisco, à l'Orient, Vladivostok; et toutes les grandes représentations de l'humanité : France, Angleterre, Amérique, Allemagne, Russie, en sont également pénétrées dans leurs profondeurs, dans leurs intimités.

Comment se réaliseront ces besoins du peuple? Comment s'exprimeront, dans la législation et dans les mœurs, ces principes qui font crier nos âmes et déborder nos cœurs?

F. — ADAM SMITH. — Je continue à présenter au lecteur tout le dessus du panier. J'ai dit ma première insistance, j'ai dit ma première addition, reste à parler de mon premier amendement.

Je suis conservateur libéral, je suis évolutionniste en toute matière. Je l'ai imprimé : j'ai fait le tour des connaissances humaines : philosophie, religion, morale, droit, politique, histoire, géographie, science, art. J'accepte et je reconnais partout les bases établies et reconnues ; partout aussi j'ajoute mes principes, mes études et mon caractère, j'évolutionne. Veut-on quelques exemples ? En musique, j'ai été à Bayreuth ; en physiologie, je revendique et je renouvelle l'animisme de Stahl ; en politique, monarchiste toute ma vie, j'adhère au gouvernement légal de mon pays, je suis un rallié. Abrégeons. Il y a une situation, une seule, où, évolutionniste encore pour les procédés et la méthode, sage, patient, atermoyant; au fond, quand je regarde la théorie et la pratique économiques actuelles, je leur dis : Raca!

Je reviens. La liberté, les initiateurs, les inventeurs, c'est moi-même apparemment, ce sont toutes les libres associations de la France et de l'Europe, de la civilisation universelle. Avant elles, avant moi, avant la nouvelle économie sociale, il y avait et il y a l'ancienne économie politique. Je l'ai injuriée, je confesse ma faute et je m'en repens; j'ai toujours avoué mes erreurs. Mais, novateur, ces vieilles doctrines et ce vieil orgueil, plutôt stationnaires, immobiles, avaient irrité mes nerfs. L'un des chefs, d'ailleurs, au moment même où je prenais la plume, publiait un article qui portait à son comble mon exaspération.

La vérité, c'est que l'économique du XVIIIe siècle doit être considérée comme la science pure, et l'économique du XIXe siècle en sa fin comme la science appliquée; en dépassant Adam Smith, nous le proclamons notre auteur et notre maître, nous l'honorons. D'ailleurs, l'une des grandes figures de mes traditions monarchiques, Colbert lui aussi, ce fils d'un marchand de laines de Reims, à l'enseigne du Long-Vêtu, était un économiste à sa manière, et... Aristote aussi : « Si la navette pouvait marcher toute seule, « il n'y aurait pas besoin d'esclaves. » De nos jours, la navette marche à peu près seule, et cependant il y a encore des esclaves à Manchester et ailleurs.

G. — **LE MARCHÉ UNIVERSEL.** — Je persévère

dans mes hommages à Adam Smith, Ricardo, Jean-Baptiste Say, à la librairie Guillaumin et à sa Société d'économie politique. Désormais, je prêterai beaucoup plus d'attention aux travaux et réunions de cette dernière. J'ai appris, dans la séance du 5 juillet, et par la bouche autorisée de M. de Molinari, « qu'en « la question du marché, comme en toute « autre, il faut se borner à supprimer les « obstacles qui empêchent de faire et à lais- « ser faire ». Je vais continuer à citer mon auteur; mais, selon mes coutumes un peu aisées, larges, en me l'appropriant.

Il y a donc quatre remèdes, quatre solutions qui s'appellent, se complètent et se parachèvent les unes les autres. Accordez à cette antique et respectable doctrine quelques siècles et elle résoudra pacifiquement la guerre sociale. Mais voilà, j'ai faim et la faim n'attend pas.

Sous ces réserves, je continue à transcrire ou plutôt à transposer la dernière séance de la Société Guillaumin. — 1. La publicité : le journal à un sou donnant, par exemple, le prix du pain ou le taux des salaires pour les mineurs, les métallurgistes et autres ouvriers sur la surface entière du globe. Déjà en Angleterre, avec les vingt-quatre pages de la *Labour Gazette* publiée par les soins du Département du travail, tout ouvrier, pour un penny, peut se mettre au courant chaque mois des conditions du travail. — 2. Le crédit : les banques, par leurs avances et leurs escomptes, par leur papier, par leur *clearing-house*, suppriment en quelque sorte le temps ; elles réduisent ce que nous appelons en droit le *trait de temps* à un minimum, à un instant de raison; elles suppriment presque, sauf comme monnaie d'appoint, le métal, bronze, argent. Il ne reste plus que l'or, et sera-t-il toujours irréductible? — 3. De même que le temps, l'espace se trouve concentré, réduit à un minimum, en un point géométrique, par la vapeur et l'électricité. — 4. Nous arrivons alors au marché universel. Il se forme déjà pour les céréales, le coton, la laine et autres produits. Quand on saura à Paris et à Londres qu'à New-York et à Moscou la livre de pain se paie 10 centimes, il sera bien impossible de la maintenir à 15. Quand on saura à Rome, à Madrid, à Vienne, que la journée d'un tisserand se paie en France et en Angleterre 5 francs, il sera bien impossible de la maintenir à 2 fr. 50

ou 3 francs. — 5. La loi suprême de l'économie politique, en la suite des âges, se formule dans la proportionnalité des salaires d'une part, avec, d'autre part, les besoins nécessaires de l'existence.

C'est ainsi que M. de Molinari pacifie et termine triomphalement le conflit, le duel entre le capital et le travail. Or, pendant que fonctionne, prospère et s'épanouit cette belle sérénité scientifique, je peine à peu près autant que le nègre de la Nouvelle-Orléans dans une plantation de cannes à sucre, ou l'esclave romain dans l'ergastulum.

H. — LA BAISSE DU TAUX DE L'INTÉRÊT. — Je viens de mettre la charrue avant les bœufs, car le marché universel est en économique le but, la fin, le terme. Avant de vendre et de consommer, il faut produire. Ici encore de grands et larges progrès sont accomplis, s'accomplissent chaque jour. Je reprends les quatre termes de la production. Les conquêtes de la science sont incessantes, par conséquent l'initiative première, l'intelligence est à tout instant plus ouverte, munie, créatrice. Le capital, par l'épargne, s'accroît indéfiniment; le travail, par les machines, est facilité, suppléé. Enfin les ressources naturelles, les matières premières, sont plus aisément, plus abondamment mises à nos ordres, employées.

Chacun de ces faits, à lui seul, mériterait des commentaires, une exposition. Mais ils sont tous visibles, tangibles, éclatants, et je m'attacherai à un seul, parce qu'il se cache et se dérobe le plus dans l'ensemble de la situation. Je veux parler du taux de l'intérêt, donnant d'abord quelques dates et quelques faits.

Le 3 0/0 français, qui était à 70 francs le 31 décembre 1869, a dépassé le pair dans le courant de 1892.

La dette anglaise, qui, au milieu du xviiie siècle, était à 6 0/0, a été réduite graduellement à 3 0/0 et tombera enfin à 2 fr. 50 0/0 le 5 avril 1913.

En effet, non seulement la civilisation travaille, mais il arrivera un jour où, dans l'ensemble, chacun de ses membres, lui aussi, personnellement devra travailler. Saint Paul l'avait dit il y a dix-neuf siècles : *Qui non laborat nec manducet*; mais le propre des saints, c'est de devancer les temps, de s'élancer dans l'avenir, d'entrevoir des terres promises où nous parvenons enfin. La civilisation travaille, la civilisation épargne; cette épargne annuelle a été évaluée par des hommes compétents, par M. Cheysson entre autres, dans son beau rapport sur les Institutions patronales — dans le groupe 10, section XIV, de l'Exposition universelle en 1889, — à 10 milliards, et je me persuade, quant à moi, que ce chiffre se trouve encore inférieur à la réalité. Qu'est-ce que cette épargne, qu'est-ce que ce travail accumulé? C'est le capital, et puisque Turgot est l'un de mes maîtres, avec Vauban, Sully — le premier de mes maîtres, — citons Turgot : « On « peut regarder le taux de l'intérêt comme une « espèce de niveau au-dessous duquel tout « travail, toute industrie, tout commerce ces- « sent. C'est comme une mer répandue sur

« une vaste contrée; les sommets des mon-
« tagnes s'élèvent au-dessus des eaux et for-
« ment des îles fertiles et cultivées. Si cette
« mer vient à s'écouler, à mesure qu'elle
« descend, les terrains en pente, puis les
« plaines et les vallons paraissent et se cou-
« vrent de productions de toute espèce. Il
« suffit que l'eau monte ou baisse d'un pied
« pour inonder ou pour rendre à la culture
« des plages immenses. C'est l'abondance des
« capitaux qui anime toutes les entreprises,
« et le bas intérêt de l'argent est, tout à la
« fois, l'effet et l'indice de l'abondance des
« capitaux. »

I. — M. GOSCHEN. — Je n'ai pas de chance. Au moment même où j'étais animé par les intentions les plus douces et les meilleures, les plus conciliantes; au moment où je désirais me rapprocher du gouvernement — le gouvernement ici, c'est l'ancienne économie politique, — lorsque je me préparais à m'asseoir sinon sur les bancs de la majorité, les bancs des ministériels, du moins sur ceux du tiers parti, — dans ma longue carrière parlementaire, modeste, obscure, laborieuse, cette situation intermédiaire, cet entre chien et loup m'a souvent attiré, — patatras! je me trouve brusquement rejeté dans l'opposition. Que s'est-il donc passé? M. Goschen a prononcé dans l'Assemblée générale de l'Association économique britannique un long discours. Cette Association compte environ un millier de membres, et parmi eux, tous les professeurs de la stricte observance, tous les docteurs du Talmud et de la Thora.

Nous autres qui voulons introduire dans la science d'airain, dans sa mathématique et sa mécanique un peu d'huile, l'huile de la justice, qui voulons appliquer sur les plaies sociales le baume de la Charité, nous sommes traités de la belle manière. On invente même à notre usage des qualifications nouvelles, des vocables inusités ; nous n'entendons rien ni à la théorie, aux doctrines de la science, ni à la pratique, au maniement des affaires ; nous sommes des « émotionnistes ». Après avoir ainsi battu la campagne contre notre sentimentalité, notre poétique et nos romans, contre ce que nous croyons le progrès idéaliste et que M. Goschen traite de chimère, d'utopie, les sophismes continuent. J'exposerai d'abord, je critiquerai ensuite. La citation est un peu longue, mais puisqu'il s'agit de l'Angleterre et d'un ancien chancelier de l'Échiquier, il convient qu'il y ait *fair play;* j'emprunte mon texte à l'un de nos périodiques.

Qui depuis... Rome alors estimait ses vertus.

« M. Goschen explique sa pensée par un « exemple. Il se fonde des *Trade's-Unions.* « Ces unions ont pour but de résister aux « prétentions du patron. Le patron, lui, qui « vit de la concurrence, cherche à établir la « concurrence parmi les ouvriers et à les « désunir. Les ouvriers, sentant le danger, « se serrent étroitement et s'unifient contre « lui. Entre eux pas de concurrence; tous « sont solidaires, tous réclament le même « traitement. Et ils triomphent, et l'on peut « croire que la concurrence est morte et que

« la plus large solidarité prévaut parmi les « ouvriers. Bientôt on s'aperçoit que cette « solidarité est, au contraire, très restreinte. « Les Trade's-Unions se composent d'ou- « vriers sachant un métier — *skilled labour*. « A leur porte se pressent une foule d'ou- « vriers ne sachant rien et n'ayant que leur « force musculaire — *unskilled labour*. La « solidarité humaine commande de les lais- « ser entrer, l'égoïsme corporatif conseille « de les tenir dehors. »

Les Trade's-Unions ne sont pas mon affaire. Je ne les approuve ni du côté des ouvriers, ni du côté des patrons, lorsqu'elles prennent, sous des noms différents, ligues, associations, comités, le même rôle, qui est d'augmenter et d'accroître l'antagonisme entre le capital et le travail; de mieux préparer, équiper, mobiliser les deux armées en présence; car à la terrible grève, au Mont-Aventin, répondra et répond déjà, dans les États-Unis d'Amérique, l'apologue de Ménénius Agrippa, le féroce *lock-out.* Mais, reprocher aux Unions leur caractère corporatif, les attaquer, non point par en haut, mais par en bas, non point par la tête en quelque sorte, mais par la queue, cela ne se comprend plus. En effet, s'il y a un blâme à adresser aux Unions, aux syndicats, c'est de rompre avec les patrons, avec le capital; mais s'il y a une louange, c'est précisément leur caractère corporatif, le caractère qu'a exigé en France le législateur de 1884; qu'a méconnu, enfreint la Bourse du Travail; d'où nos conflits et nos démêlés actuels. Tout à l'inverse, l'Association de Londres tendrait à approuver la

Bourse du Travail de Paris; elle voudrait que les Unions ouvrent leurs rangs, non point à ce qui est technique, professionnel, de métier, mais à tout ce qui est ouvriers divers, travail manuel, force musculaire. Je le répète, cela confond ma raison.

J'aime les notations algébriques : sous prétexte de la liberté d'association, il y a de certaines personnes qui disent + aux Trade's-Unions, aux syndicats, et moi je leur dis =.

J. — L'ESPRIT ET LA MATIÈRE. — Un économiste de la rue de Richelieu, n° 14, me disait un jour : « Monsieur, vous n'entendez rien « à nos affaires, à nos statistiques, vous ne « poursuivez que des sentiments et des « idées. » Je lui ai répondu : « Monsieur,

« vous avez bien dit ce que je voulais, et je « m'en vais vous dire ce que vous voulez : « un peu plus de lard dans la pâtée des « chiens. » Le propos aurait pu aussi bien m'être tenu par un membre collectiviste du Reichstag, car en cette question l'extrême gauche est autant que l'extrême droite matérialiste.

La matière, sous toutes ses formes et sous toutes ses manifestations, envahit, domine et déshonore notre civilisation contemporaine. Or je la connais, et je lui arracherai ses masques : le positivisme, le déterminisme, la méthode expérimentale, le document, le fait, l'actualité. Quel est le savant qui confondait devant moi la psychologie et la physiologie, qui abaissait et dégradait la première dans la seconde, tandis qu'il y a en présence une maîtresse et une servante? Le premier de nos historiens et en même temps un grand éducateur, M. Lavisse, l'enseignait récemment à notre jeunesse avec autorité : « Le corps seul, qu'est-ce donc? Une abs-« traction qui n'est réalisée que par la « mort. »

K. — LA BOURSE DU TRAVAIL. — Le principal mérite sans doute de la société moderne, c'est qu'elle a supprimé non seulement les ordres privilégiés de l'ancien régime, mais encore les classes. Avec nos principes de liberté, d'égalité, de suffrage universel, en France il n'y a plus que des Français. Lors donc que nous parlons du quatrième État, — et moi-même je le fais quelquefois parce que l'expression est commode, brève, oratoire, — nous disons une sottise. (Sur cette pente on ne s'arrête plus; M. Domela Nieuwenhuis nous dit : « Il est à craindre que la petite bourgeoisie, « avec l'aristocratie des ouvriers, ne forme « un quatrième État, plus dur au cinquième « que le troisième État d'aujourd'hui ne l'est « envers le quatrième. ») De là à ne point approuver, à blâmer les syndicats, les Bourses du travail, il n'y a qu'un pas; et cependant je ne les blâmerai point.

En effet je considère en ce moment comme mauvais les rapports du capital et du travail. Le patron est un roi absolu; je veux en faire un roi constitutionnel; et quoi qu'il en soit de ses bonnes intentions et de ses bonnes œuvres, de ses institutions patronales, ce despotisme éclairé, ce gouvernement paternel ne me suffit pas plus en économique qu'il ne suffisait à nos grands-pères à la fin du xviiie siècle en politique.

Alors tout naturellement, livrés à eux-mêmes, les ouvriers se rapprochent, s'entendent, se concertent. L'Angleterre avait donné l'exemple avec ses Trade's-Unions ; notre législateur a suivi avec sa loi sur les syndicats de 1884. Puis les syndicats ont désiré s'entretenir ensemble et on a organisé les Bourses du travail ; elles confinent à la Révolution. Ce n'est plus à l'Hôtel de Ville, comme au 24 février ou au 4 septembre, que s'installera le gouvernement provisoire, mais à la rue du Château-d'Eau.

Je me trouve donc dans la situation qui a été souvent celle des initiateurs, prophètes, apôtres ou philosophes, je me trouve en dehors des deux camps. Entre le capital et le travail il y a un fossé, j'aspire à le combler. Pour cela je me mets au milieu, je travaille, et je reçois les coups de fusil des deux côtés; mais je les rends, je riposte. J'ai dit leur fait aux ouvriers comme aux patrons. Donc je n'approuve pas les syndicats et les Bourses du travail, mais je ne les blâme pas non plus.

Prenez mon conseil de manufacture, prenez mon ours, je l'ai bien dressé, apprivoisé, instruit. Vous verrez comme, se dressant sur ses pattes de derrière, il fera le beau.

POST-SCRIPTUM. — (Au moment où l'on m'imprime.) Je reçois de Londres les informations précieuses qui vont suivre et que je résume :

Un Congrès ouvrier d'une nouvelle espèce,

celui de l'Association du travail libre, a réuni à Londres cent cinquante délégués venus de divers comtés. Cette Association réclame pour l'ouvrier un juste salaire et le droit de vendre son travail au mieux de ses intérêts et des intérêts de ceux qui dépendent de lui ; en outre elle se propose de limiter et, s'il est possible, de supprimer les grèves, et surtout de protéger ceux qui font partie de l'Association contre la tyrannie, le despotisme et les outrages des nouveaux Trade's-Unions et de leurs arrogants et vaniteux chefs. Il a été adopté à l'unanimité une résolution ainsi conçue : « Ce Congrès déclare que le mo-
« ment est venu où il est urgent et néces-
« saire d'établir promptement des branches
« de l'Association du travail dans tous les
« centres industriels, branches qui seront

« composées de toutes les catégories de « travailleurs qui ont foi dans les justes prin- « cipes de la liberté du travail et regardent « cette liberté comme une impérieuse néces- « sité pour sauvegarder la masse des tra- « vailleurs contre la tyrannie et la dictature « des nouveaux Trade's-Unions socialistes.

« Le Congrès invite le Comité exécutif à pren- « dre les mesures nécessaires pour mettre « en pratique la présente décision. » La réso- lution la plus importante affirme que la seule manière de résoudre les querelles entre patrons et ouvriers consiste dans l'établis- sement de conseils d'arbitrage composés de représentants des ouvriers et de représen- tants des patrons en nombre égal. Le pré- sident du Congrès, M. Chandler, a annoncé qu'il avait reçu de divers côtés des lettres demandant la fondation dans de nombreuses localités de branches de l'Association. Il sera curieux de suivre les développements de cette nouvelle Association et de voir le succès qu'elle aura parmi les ouvriers non syndiqués qui forment les neuf dixièmes des travailleurs adultes et qui pourront facilement échapper à la tyrannie et aux mauvais traitements des Trade's-Unions, si seulement ils montrent un peu d'énergie et d'esprit de solidarité.

L. — LES SOCIÉTÉS. — C'est le terrain qu'a choisi, où vit et se développe la liberté; c'est mon terrain. La Société d'économie sociale, fondée en 1856 par l'illustre Le Play, étudie surtout la condition, les besoins du travail en France, en Europe, dans les deux mondes;

elle a institué, elle a créé ses incomparables monographies. Puis elle donne des conseils, des encouragements, des prix. Son fondateur a trouvé dans son grand cœur, a inventé « le nouvel ordre de récompenses » à l'Exposition universelle de 1867 et même de 1855, qui est devenu ce beau musée d'Économie sociale à l'Exposition universelle de 1889. Elle instruit et elle propage; rien de mieux, il n'y a pas un reproche, pas une faute. Mais les progrès sont lents, les conquêtes rares, quoique parmi toutes les sociétés existantes, elle reste encore la première, dirigée comme elle l'est par son savant, habile, dévoué secrétaire général, M. Delaire.

Viennent ensuite les œuvres qui ont plutôt un caractère d'assistance : les caisses d'épargne, les sociétés de secours mutuels ou de retraites, les logements à bon marché, et même les banques populaires; toutefois à ce dernier terme, nous nous trouvons dans le passage, dans les transitions. En effet, lorsque nous nous occupons des œuvres de ces grands hommes de bien, Vansittart Neale, Schulze-Delitsch, Raiffeisen, Luzzatti, nous sortons de l'assistance, nous entrons dans la coopération. Qu'est-ce que la coopération, dont la participation de mon maître M. Ch. Robert n'est que le commencement et le prélude, — prélude sympathique, utile, harmonieux — qu'est-ce que la coopération pour les banques, pour la consommation et surtout pour la production? C'est, sous une forme meilleure et plus douce que les syndicats, mais, au fond et dans la réalité des choses, c'est, comme dans les syndicats, la suppression du patron, — du moins le principe de cette suppression.

J'ai fait de la politique toute ma vie : par définition, dans les préséances et dans la hiérarchie du genre humain, elle l'emporte sur l'économique, de la même manière que l'esprit domine la matière et lui commande. Je reprends donc mes comparaisons politiques; elles éclaireront de leurs vives lumières tout le sujet. Le patron est un despote, soit; par le syndicat, par la coopération, vous le supprimez, et vous vous mettez, vous vous constituez en république. Mais non! je vous arrête et je m'y oppose. Laissons la république pure aux âges successifs, ultérieurs; pour aujourd'hui contentons-nous de la monarchie constitutionnelle, du conseil patronal.

M. — LE PATRON. — Le patron, en principe, est un négrier. Il y a des exceptions : Anzin, Baccarat, Blanzy, le Bon-Marché, le Creusot, Mame,.....; elles ne sont pas nombreuses.

N. — LA LIBERTÉ DU TRAVAIL. — Parmi tant d'autres, c'est l'une des belles paroles de l'Assemblée constituante en 1789. Mais l'histoire est un perpétuel devenir, et à un siècle de distance il faut prendre garde. Liberté, travail, ce sont les conditions mêmes de la civilisation. L'un de mes amis me le disait récemment : Le travail, c'est la vie. Je lui répondais : D'accord, mais la liberté aussi c'est la vie. — Nous avions raison l'un et l'autre.

N'y a-t-il rien de plus? et à ces nobles

fiertés qui conviennent aux forts ne devons-nous pas ajouter quelque chose, si nous pensons aux dénués et aux faibles, à l'ensemble de ceux qui souffrent? Cet axiome est trop voisin de quelques autres : « Laisser faire, laisser passer! Chacun chez soi, « chacun pour soi! » Et si je ne le raye pas de ma profession de foi, c'est à la condition qu'il soit complété, renouvelé, transformé. Avant que le travail soit libre, encore faut-il qu'il existe et aussi qu'assuré il soit de plus protégé. Il s'agit toujours du conflit et du duel entre l'ancienne économie politique et la nouvelle économie sociale; il s'agit toujours, au lieu de la matière, de la richesse, du produit, de considérer l'esprit, le producteur.

Aujourd'hui le travail est livré au hasard,

comme les forces de la matière brute ou végétale et animale. Nous voulons l'élever à la hauteur d'un contrat synallagmatique : *Do ut des, facio ut facias*, à la dignité du mariage : *Individuam vitæ societatem continens.*

O. — LA PROPRIÉTÉ. — Je regarde l'histoire universelle. Il y a un principe, une cause, le christianisme; et il y a un effet, une conséquence, la civilisation. Ils se trouvent donc étroitement, indivisiblement unis; d'où les paroles célèbres qui ont tellement retenti à nos oreilles depuis un demi-siècle : Religion, Famille, Propriété.

La famille, la propriété : cette formule est devenue à ce point banale, courante, comme un vieux sou, qu'elle n'a plus l'air de rien; et cependant elle est tout. En effet, elle peut, elle doit renouveler, en la faisant remonter vers ses origines, notre humanité vieillie, fatiguée. « Tes père et mère honoreras. » Le père, c'est le chef; je lui rends tous ses antiques pouvoirs de patriarche. La mère : ah! qu'elle ne sorte pas du foyer! Je lui défends d'en sortir, je lui défends d'entrer à l'atelier : *Domi vixit, lanam duxit.*

Sous mes apparences bénignes, j'innove et j'innove beaucoup. Il n'y a pas deux manières de fortifier la propriété, de l'assurer, de la garantir, de la maintenir; il n'y en a qu'une : sa diffusion, son universalité. Que me parlez-vous du lourd, grossier, monstrueux collectivisme? Il n'y a de propriété vis-à-vis de la matière brute que lorsqu'elle est identique à la propriété de la matière animée, vivante, organique. Mon cerveau et mon cœur m'appartiennent en propre; de même ma maison et mon champ; seulement il faut morceler les *latifundia;* ils ont perdu l'Italie, ils perdraient l'Angleterre et l'Allemagne. Il faut accomplir et achever ce qui s'est commencé en France avec le présent siècle : aucune violence, aucune contrainte, mais le jeu naturel, facile et doux des institutions et de l'opinion.

P. — LES MINES. — Lorsque l'arme du génie en tout pays a construit une forteresse et qu'elle la livre au ministère de la guerre, elle dit : « Notre forteresse est terminée, et voici le point par lequel, ou plus tôt ou plus tard, elle sera prise et détruite par l'arme de l'artillerie. » Si l'ancienne économie politique avait plus d'esprit, si elle avait aussi plus d'histoire et de poésie, elle se rappellerait les larmes de Scipion sur Carthage : « Et toi aussi, Rome ma patrie, un jour tu périras! » Toutes les choses humaines périssent.

La question des mines se présente comme la plus difficile, la plus menaçante, la plus redoutable : c'est le point pour l'assaut. Mais cet opuscule a déjà tant osé, tant parlé, qu'il se taira jusqu'à l'année prochaine. Rappelons seulement les principes : le respect de la propriété d'une part, d'autre part la participation et l'échelle mobile proportionnant les salaires aux prix de vente du charbon, — *sliding scale*.

Il y a des effets extrêmes, naturels, utiles, de certaines causes, qui cependant se retournent contre ces causes, les accusent et les détruisent. Étant donnée l'ancienne économie politique, étant donné l'état actuel du commerce et de l'industrie, il est certain que l'invention de la société anonyme a rendu les plus grands services. La société collective ou même la société en commandite avec leurs responsabilités personnelles limitées ou illimitées, pouvait inquiéter et inquiétait les esprits timides, inexpérimentés, les capitaux prudents, craintifs. Seule, au contraire, la Société anonyme appelle toutes les épargnes, même les plus hésitantes; elle les rassemble en une force de production et de richesse.

Cependant lisez les requêtes bien faites et en définitive modérées des houilleurs du Pas-de-Calais et du Nord pendant la dernière grève; souvenez-vous des scènes que ce travail des mines a pu inspirer à l'imagination des romanciers. Voilà des ouvriers mineurs qui chaque jour jouent leur vie : le matin ils descendent pleins de force et de santé, soutiens, appuis de leurs femmes et de leurs enfants, ils descendent dans la mine; ils ne savent jamais si le soir ils en remonteront comme des vivants ou comme des cadavres, leurs salaires sont minimes, stationnaires ou à peu près.

En face, les propriétaires font des bénéfices énormes, et quels sont-ils? Se trouvent-ils présents, visibles, comme les détenteurs du sol et de la maison? En aucune manière. Nul ne les connaît, et ils ne connaissent pas même, pour la plupart, cette mine qui les rend millionnaires, ils n'y sont jamais descendus, ils n'y descendront jamais. Quelques-uns, les plus forts actionnaires, en très petit nombre, une fois par an, arrivent de Paris pour toucher leurs dividendes et se réunir en un banquet : souvent même c'est à Paris que se pratiquent la perception et, comme le disent les houilleurs, « la noce ».

Une anecdote en finissant. Pendant ma carrière administrative j'ai eu l'occasion et le devoir de m'occuper des mines, d'accourir au secours après un accident, de prévenir autant que possible l'inondation, l'explosion, les éboulements par ma sollicitude et mes visites. L'une d'elles avait une importance particulière ; j'arrivai donc en uniforme, avec toutes mes décorations; puis, à tout seigneur tout honneur, je m'installai le premier dans la benne et je tendis la main au propriétaire, l'un des hommes le plus en vue du pays, président de la Chambre de commerce. Il fit un mouvement brusque en arrière, me disant : « Ah ! je vous demande « pardon, mais j'ai juré ce matin à ma vieille « mère de ne plus descendre dans la mine. » Quel effet ont produit ces paroles sur les ouvriers nombreux qui se pressaient à l'ouverture du puits? A quarante années de distance elles retentissent encore dans mon âme, elles y retentiront toujours.

POST-SCRIPTUM. — (Au moment où l'on m'imprime.) Je me complais dans les vieilles histoires du milieu de ce siècle, et voici que les histoires nouvelles se poursuivent et s'achèvent. J'en trouve le récit dans le plus vénérable sans doute de nos journaux.

Le résultat de la grève, dans les départements du Pas-de-Calais et du Nord, a été une diminution de production de 1 200 000 tonnes environ, représentant une valeur de 14 millions de francs et 6 700 000 francs de salaires : nous ne tenons pas compte des commandes de houille faites à l'étranger et du courant d'affaires qui s'est établi au préjudice de nos producteurs et qui peut se prolonger longtemps encore. Mais les trois grandes grèves précédentes, celles d'Anzin, de Carmaux et de Lens nous ont valu l'élection de trois députés socialistes : peut-être la grève de 1893 grossira-t-elle d'une unité le bataillon des politiciens socialistes de la Chambre ?

Cette philosophie de l'histoire est connue, elle explique les grands effets par de petites causes, le plus par le moins, l'être par le néant, ce qui est absurde. La vérité, la démonstration, c'est qu'il se trouve au fond et en la substance même de l'économique un mal sérieux et grave. Dans mes études, mes méthodes, mes recherches, mes investigations, je l'ai sondé, diagnostiqué, pansé : Dieu seul peut le guérir.

Q. — L'INSTITUT SOCIAL. — « Il faudrait « arriver à une synthèse, à une fédération, à « une sorte d'union de toutes les œuvres so- « ciales par voie de délégation, en laissant « à chacune son autonomie, bien entendu. « En parlant d'œuvres sociales, j'entends les « grandes, les principales, celles qui répon- « dent à une idée simple, à une idée fonda- « mentale, et qui offrent des garanties spé- « ciales, par exemple celle d'avoir été re- « connues d'utilité publique par ordonnance

« royale ou décret rendu en Conseil d'État.
« Il faudrait choisir, il faudrait qu'elles ne
« fussent pas trop nombreuses. Elles pour-
« raient former deux groupes, deux sections
« dans la même institution grandiose : 1° celui
« du travail des valides, avec les institutions
« viriles qui s'y rattachent; 2° celui de l'as-
« sistance pour les faibles, les abandonnés,
« les souffrants. — Justice et charité. »

Ces paroles sont tirées d'une lettre intime de mon ami M. Charles Robert; elles forment le texte qu'il me reste à reprendre et à développer.

Déjà je l'ai dit, septuagénaire, aveugle, seul,... j'ai fait vœu d'économie sociale en 1891. Aussitôt, ainsi que tout bon sociologue doit le faire, j'ai conçu le projet d'une association nouvelle, la mienne, et je l'ai

appelée la Société Turgot. « La Société Tur-
« got a pour but l'amélioration intellectuelle,
« morale et matérielle du plus grand nombre.
« Elle a pour moyens : I. Une exposition
« permanente d'économie sociale, un musée,
« des leçons de choses; II. Des conférences;
« III. Ces conférences sont reproduites par
« un journal spécial dont elles forment ainsi
« la partie principale; IV. Des encourage-
« ments, des prix à toutes les œuvres libres
« et spontanées de la fraternité humaine;
« V. Le musée, les conférences, le journal,
« les encouragements se divisent en dix-huit
« chapitres : 1. Rémunération du travail ;
« 2. Participation aux bénéfices et associa-
« tions coopératives de production ; 3. Syn-
« dicats professionnels ; 4. Apprentissage;
« 5. Sociétés de secours mutuels; 6. Caisses

« de retraites; 7. Assurances contre les ac-
« cidents et sur la vie; 8. Caisses d'épar-
« gne; 9. Associations coopératives de
« consommation; 10. Associations coopérati-
« ves de crédit; 11. Habitations ouvrières;
« 12. Cercles d'ouvriers et sociétés populai-
« res; 13. Hygiène sociale; 14. Institutions
« patronales; 15. Grande et petite industrie,
« grande et petite culture; 16. Intervention
« économique des pouvoirs publics; 17. Di-
« vers; 18. Tout pour le peuple. Donnez du
« bonheur au peuple, donnez du bonheur à
« l'ensemble de ceux qui souffrent, et vous
« verrez comme la civilisation sera grande. »

Mais j'ai reconnu assez vite que le besoin d'une Société nouvelle ne se faisait nullement sentir, qu'il y en avait déjà un grand nombre d'établies, autorisées, utiles.

Je vais d'ailleurs le prouver, et la démonstration est facile. Il me suffit d'insérer ici le catalogue de toutes les publications qui existent en ce moment à Paris et qui, pour la plupart, sont inspirées, dirigées par un comité ou un groupe.

« *L'Alliance coopérative. — Les Annales de* « *la charité et de la prévoyance. — Les An-* « *nales du travail. — Les Annales écono-* « *miques. — L'Art social. — L'Assistance aux* « *mutilés pauvres. — L'Association ouvrière.* « *— L'Association catholique. — L'Avenir des* « *travailleurs. — L'Avenir économique. —* « *Bulletin de l'Association amicale coopérative* « *des officiers de terre et de mer. — Bulletin* « *de l'Association pour le repos du dimanche* « *dans l'industrie du bâtiment. — Bulletin de* « *la Chambre syndicale des professeurs libres.*

« — *Bulletin de la Chambre syndicale des tail-*
« *leurs.* — *Bulletin de la Chambre syndicale*
« *des comptables.* — *Bulletin de la Commis-*
« *sion des patronages.* — *Bulletin du Comité*
« *permanent du Congrès international des*
« *accidents du travail.* — *Bulletin du Cercle*
« *populaire des amis de l'enseiguement laïque.*
« — *Bulletin officiel de la Bourse du Travail.*
« — *Bulletin mensuel de la Moissonneuse.* —
« *Bulletin mensuel de la Société de prévoyance*
« *et de secours mutuels : Les Vrais Amis.* —
« *Bulletin mensuel de la Société d'études phi-*
« *losophiques et sociales.* — *Bulletin de la*
« *Ligue nationale de la prévoyance et de la*
« *mutualité.* — *Bulletin de la Société de par-*
« *ticipation aux bénéfices.* — *Bulletin de la*
« *Société de protection des apprentis et des*
« *enfants employés dans les manufactures.* —

« *Bulletin de la Société française des habita-*
« *tions à bon marché.* — *Bulletin de la Société*
« *pour la propagation du crédit populaire.* —
« *Bulletin de la Société internationale pour*
« *l'étude des questions d'assistance.* — *Bulletin*
« *de la Société générale des prisons.* — *Bulletin*
« *de la Société protectrice de l'enfance.* — *Bul-*
« *letin des sociétés de secours mutuels.* —
« *Bulletin du Syndicat des employés du com-*
« *merce et de l'industrie.* — *Bulletin de l'Union*
« *batignollaise.* — *Bulletin de l'Union des*
« *associations ouvrières catholiques.* — *Bul-*
« *letin de l'Union universelle des femmes.* —
« *Bulletin de l'Union des syndicats du com-*
« *merce et de l'industrie.* — *Le Christianisme*
« *au XIX*^e^ *siècle.* — *La Chronique indus-*
« *trielle.* — *La Concorde.* — *Coopérateurs et*
« *Mutualistes français.* — *Le Courrier des*

« *Deux Mondes*. — *La Corporation*. — *Le*
« *Droit des femmes*. — *L'Écho des Chambres*
« *syndicales*. — *L'Éclaireur*. — *L'Écono-*
« *miste*. — *L'Économiste européen*. — *L'Éco-*
« *nomiste français*. — *L'Économiste pratique*.
« — *L'Économie financière*. — *L'Économie-*
« *Revue*. — *L'Enfant*. — *Les Entretiens*
« *politiques et littéraires*. — *L'Ère nouvelle*.
« — *L'Esprit pratique*. — *L'Expansion colo-*
« *niale*. — *Fédération nationale des Sociétés*
« *coopératives de consommation*. — *La Femme*.
« — *La France prévoyante*. — *La Gazette*
« *économique*. — *Le Globe*. — *Le Journal*
« *de la Maison*. — *Le Journal des Écono-*
« *mistes*. — *Le Journal du lundi*. — *Le*
« *Mois cigalier*. — *Le Monde économique*. —
« *Le Moniteur des intérêts matériels*. — *Le*
« *Moniteur des syndicats ouvriers*. — *Le*

« *Mouvement social.* — *L'Office du travail.*
« — *L'Orphelin.* — *La Paix sociale.* — *Le*
« *Parti ouvrier.* — *Le Patriote prévoyant.* —
« *La Philosophie de l'avenir.* — *La Politique*
« *sociale.* — *Le Prévoyant de l'avenir.* — *Le*
« *Progrès alimentaire.* — *Le Protestant.* —
« *Le Prolétaire.* — *La Question sociale.* —
« *La Réforme économique.* — *La Réforme*
« *sociale.* — *Les Réformes.* — *La Rénovation.*
« — *La Revendication.* — *Le Réveil indus-*
« *triel.* — *La Révolution française.* — *Le*
« *Réveil du peuple.* — *La Revue économique*
« *et financière.* — *La Revue d'économie poli-*
« *tique.* — *La Revue encyclopédique.* — *La*
« *Revue européenne.* — *La Revue internatio-*
« *nale de sociologie.* — *La Revue moderne.* —
« *La Revue des institutions de prévoyance.* —
« *La Revue des établissements de bienfaisance.*

« — *La Revue libérale. — La Revue de la* « *science nouvelle. — La Revue de la Société* « *des ingénieurs civils. — La Revue socialiste.* « — *La Science sociale. — Le Socialiste. —* « *Le Socialiste chrétien. — Le Travail na-* « *tional. — L'Union coopérative des Sociétés* « *françaises de consommation. — L'Union des* « *Chambres syndicales. — L'Union mutua-* « *liste. — L'Union nationale du commerce* « *et de l'industrie.* »

L'œuvre qui s'impose n'est donc pas l'analyse, l'addition d'un chiffre de plus à cette liste déjà trop longue. Il s'agit au contraire d'une synthèse ; il s'agit, comme disaient les vieux jurisconsultes romains, de *colligare ;* de là l'inspiration, le projet de ce cœur généreux et dévoué, ardent au bien public, dont j'ai cité les paroles en commençant. La tâche n'est pas aisée; rien ne l'est en ce grand problème de cette fin du siècle et des siècles futurs : nous appelons à nous tous les concours, tous les conseils, toutes les bonnes volontés.

R. — DANS UN CABINET DE TRAVAIL. — Il y avait, par une belle journée de juin dernier, et la porte-fenêtre toute grande ouverte sur mes jardins, une causerie d'économie sociale entre trois interlocuteurs; et si deux augures ne pouvaient se regarder sans rire, trois économistes ne peuvent se rencontrer et discuter sans se gourmer, sans que aussitôt il ne se forme trois partis, trois écoles, trois systèmes. Je les reprends, et tout d'abord j'inscris le nom de chacun : l'Institut, le Conseil patronal, la Participation.

Mon ancien camarade de l'École de droit en 1841, M. Émile Ollivier a exposé, beaucoup mieux qu'il ne l'avait fait en 1891, son projet d'Institut sociologique, soit un conseil, un centre, une réunion de *trustees* qui, une fois nommés, se recruteraient par eux-mêmes d'après le principe de cooptation usité dans nos académies et très généralisé soit en Angleterre, soit aux États-Unis d'Amérique.

Ce gouvernement, car c'en est un, de toute l'économie sociale en ses associations multiples, confuses, un peu anarchiques, peut devenir une vérité pratique et efficace. Je ne pense pas qu'il soit actuellement possible, que son heure soit arrivée. Cependant, je consens pour la première fois à ne pas perdre de vue cette conception qui n'a qu'un tort, mais il est réel : elle est « grandiose ».

Ce jugement est de M. Léon Say, le premier de nos chefs après M. Jules Simon.

Ce dernier nom m'est cher, et il me plaît de rappeler les belles paroles qu'a prononcées récemment l'auteur de l'*Ouvrier de huit ans :* « Ce qui serait aussi impardon-« nable que de ne pas voir la grandeur du « péril, ce serait de se laisser aller à la co-« lère, et, sous prétexte qu'il y a des so-« cialistes haineux et violents, de ne plus « voir la misère quand elle est réelle et de « refuser les réformes quand elles sont justes. « Il y a en ce moment un grand courant de « fraternité et de justice qui porte tous les « honnêtes gens au secours des déshérités. »

La Participation, qui est la préoccupation constante, le vœu permanent et comme l'idée fixe de M. Charles Robert, a certainement pour elle l'avenir. Il ne s'agit que d'une date plus ou moins rapprochée, plus ou moins éloignée.

Comme son auteur l'exprimait parfaitement, l'État ne peut intervenir en rien, car s'il rendait la participation obligatoire, sans parler de toutes les difficultés, de toutes les ruses, de toutes les comptabilités fictives pour s'y soustraire, il en résulterait la suppression des salaires. Alors il faudrait une seconde intervention de l'État, et on tomberait dans un despotisme inacceptable, odieux.

Il découle de cette analyse faite avec beaucoup de discernement et de soin par le président de la Participation, que mon conseil patronal lui est du tout au tout supérieur.

En effet, l'économie sociale, quand on arrive à ses applications finales, à ses détails, à sa cellule, relève de l'individu, de la liberté, d'eux seuls exclusivement. Au contraire, lorsque, au lieu de la prendre par en bas, je la prends par en haut, par ses sommets, nous nous trouvons au sein même de la civilisation ; et les grandes forces de la civilisation, l'Église, l'État, peuvent intervenir.

Il y a une législation possible pour mon conseil patronal, une législation d'ensemble, générale, commune ; puis dans la vie, dans l'intérieur de chaque manufacture, ce conseil fonctionne avec toutes les variétés utiles, nécessaires, appropriées, dont j'ai parlé dans mes essais de 1892.

Le gouvernement de M. Émile Ollivier est actuellement une chimère ; la participation de M. Ch. Robert relève de la liberté individuelle, de ses fantaisies et de ses caprices ;

les deux idées sont, d'ailleurs, bonnes en soi, la mienne seule est pratique et pratique dès aujourd'hui.

S. — MON ÉSOTÉRISME. — J'ai lu Tacite et Thucydide, je connais l'histoire, et, n'en déplaise aux documentaires et documentés qui sont tellement en faveur, à la mode, mode d'un jour, il n'y a pas d'histoire sans légende et sans prophétie. Ici, je ne fais aucune légende, mais je ferai une prophétie, et alors, à cause des Philistins, des Pharisiens et autres sectes ou peuplades dangereuses, comme je ne prétends pas encore au martyre, je la tiendrai secrète ou à peu près.

Sur la base du christianisme, une civilisation s'est fondée au ve siècle de notre ère avec les Germains et les Latins. La forêt de

Teutoburg donnait au monde tout son sang pur, jeune, ardent, son sang bleu ; un sentiment vif, intense, héroïque du moi ; une pensée intime, vague, profonde de l'indéfinité. Rome avait ses institutions, ses lois, sa raison écrite, son génie de la guerre, de la conquête, de la politique, de l'administration. De là le XIIIe siècle ; de là le XVIIe siècle. Or, cela branle et s'écroule.

Alors, au XXIe siècle, sur la base permanente, éternelle, du christianisme, de l'Évangile, arrivent, ô vieille Europe, de nouveaux barbares ; pas plus des barbares qu'au Ve siècle, mais des inconnus. Quels inconnus ? De nouveaux Germains, les Moujiks ; de nouveaux Latins, les Yankees. Toute l'ancienne civilisation aura fait sa dernière étape dans le Nouveau Monde. Qu'y a-t-il aux États-Unis d'Amérique? Rien de plus qu'à Paris ou à Londres; seulement ce sont nos derniers développements, nos dernières conséquences. Au contraire, dans la grande steppe que j'ai souvent décrite, qui s'en va de la mer Noire et de la mer Caspienne jusqu'à l'étoile polaire, il y a, comme autrefois dans les bois et les marécages d'Arminius, un ordre nouveau des choses. Et je le définis d'un seul mot : il y a le panhumanisme.

La civilisation universelle de la planète Terre s'étant ainsi constituée, elle aspirera à une unité, un congrès, un concile, une amphictyonie.

T. — LETTRE A UN AMI. — Le lecteur s'en aperçoit : sous de certains rapports j'appartiens à l'école de Montaigne, j'écris des livres de bonne foi, je confie, j'abandonne mon âme tout entière. Voici donc ce que je disais récemment à l'un de mes meilleurs amis, — et par une autre de mes coutumes je procédais avec analyse et numération :

« 1. Décidément la vieille économie poli-
« tique n'est qu'une bête brute ; elle a pour
« but la richesse. Elle a quatre moyens
« qu'elle confond : l'intelligence, le capital,
« le travail, les produits naturels.

« 2. La jeune économie sociale a pour but
« la civilisation, l'humanité, l'âme. Elle re-
« connaît deux termes, le patron et l'ouvrier ;
« elle veut les rapprocher, concilier, unir.

« 3. La révolution résout le dualisme du
« patron et de l'ouvrier en unité par les
« sociétés coopératives de production au
« minimum, par le collectivisme ou le

« communisme au maximum; elle supprime,
« elle guillotine le patron.

« Reprenons. L'économie politique considère la matière, le produit. L'économie sociale considère l'homme, le producteur; « il est double, patron et ouvrier, et la réforme, le progrès, c'est que le patron passe de l'état de maître à l'état de *bonus pater-familias*.

« Quand deux fois je compare l'ouvrier à l'esclave, je ne déclame pas autant que j'en ai l'air. L'ouvrier a une supériorité, le droit de fuite, et alors on ne lui lance pas des limiers dressés à cette chasse comme pour le nègre. Mais il a une infériorité: il peut être mis à la porte par le patron, il subit l'*over trade*, le chômage, et alors il meurt de faim.

« Qui est-ce qui me racontait qu'au mois « de mai dernier, — et ce fait épouvantable « ne paraît pas isolé, — une mère et sa fille « n'ayant pas de pain, s'étaient tuées. Dans « l'ergastulum il y avait toujours du pain. « Je n'ai pas déclamé.

« Je répète d'ailleurs, après d'autres his- « toriens et d'autres moralistes, que le pire de « l'esclavage, ce n'est pas le mal qu'il fait à « l'esclave, mais le mal qu'il fait au maître. « Dans cette situation, qui est contraire à « la nature humaine, l'esclave quelquefois « peut se relever, grandir par la souffrance « et l'épreuve; le maître toujours se cor- « rompt et s'abaisse.

« Ici se trouve la cause intime, profonde, « de la révolution du 24 février 1848, de « la chute définitive de la monarchie bour-

« geoise ou patronale, du ralliement de tous « les bons esprits à la République. »

La féodalité jusqu'au XIVe siècle, la monarchie pure et simple jusqu'au XIXe avaient constitué toute la gloire et toute la force de la civilisation; elles ont disparu. Pourquoi les dominations patronales et bourgeoises ne seraient-elles pas emportées à leur tour par les marées montantes et souveraines de la démocratie?

Dans des réunions où les actionnaires, les patrons, les bourgeois se disputaient le butin, j'ai assisté à des attaques de nerfs, à des crises épileptiques.

U. — LA CELLULE. — M. Virchow a fondé toute la médecine sur la cellule et son protoplasme. Je fais de même en économie sociale et j'ai découvert sa cellule qui est le rapport entre le patron et l'ouvrier; j'en donne la formule algébrique : « patron : ouvrier. » Dans l'état actuel le patron est tout; pour la Révolution l'ouvrier doit être tout; et selon moi, réformateur, évolutionniste, l'ouvrier doit être quelque chose. Pour la Révolution qui est destructive, *homicida ab initio*, il n'y a pas de science, il n'y a pas de raison.

Je viens de donner l'un des deux termes de la proportion mathématique, et facilement je l'exprimerai en sa totalité. Dans l'état actuel voici la formule : « patron : ouvrier :: despote : sujet; » et quant à ma réforme elle écrit sur le tableau noir à la craie : « patron : ouvrier :: monarque constitutionnel : citoyen libre. »

J'ai dit ce que je voulais dire et si je ne consultais que mon goût propre je m'en tiendrais là. Mais vous êtes tellement distraits, ô mes contemporains, qu'il faut bien quelques mots encore, quelques répétitions, quelques longueurs; — d'ailleurs, les maîtres que j'honore le plus, en tout sujet, m'en ont donné l'exemple. Lorsque la question sociale se trouve posée, c'est dans la manufacture et dans la manufacture seule que vous devez en rechercher et que vous en découvrirez la solution. Rendez-vous donc dans l'atelier, et sur place étudiez le principe de formation, l'élément initial et primitif : il est double, le patron, l'ouvrier. Aujourd'hui ils se trouvent unis par un nœud gordien qui est de fer; brisez-le et remplacez-le par un nœud de soie, de dentelles et de fleurs.

J'ai fait à l'État sa part; je lui ai demandé une loi, la loi de mon conseil d'usine; elle est la principale, et après elle il n'y en a pas beaucoup d'accessoires à préparer et à voter. Vous vous méprenez lorsque vous appelez la puissance publique à des interventions trop nombreuses et réitérées. Impôt sur le revenu, impôt progressif, déshérence des patrimoines, confiscation des hérédités, que sais-je donc? Autant de chimères, autant de monstres. Imaginations étranges d'accabler encore nos propriétés traditionnelles, nos familles, notre travail, de nouvelles et lourdes charges. Mais vous ne voyez donc pas que vous êtes sur le chemin du collectivisme.

Monstrum horrendum, informe, ingens, cui lumen ademptum.

V. — PANEM QUOTIDIANUM. — « Que dans

la civilisation, des créatures humaines meurent de faim. » Je pense que là est le crime de la société contemporaine, et de plus que ce crime est nouveau, inédit : il tient au développement de l'individualisme, d'où date l'un de nos trois éléments constitutifs au ve siècle et dont les dernières conséquences se rencontrent et se rencontreront aux États-Unis d'Amérique.

Un peu d'histoire universelle. A Jérusalem l'Église, à Athènes et à Rome l'État; au moyen âge l'Église encore; depuis 1453 l'État encore, ont assuré à tous et à chacun le pain quotidien. La Révolution française ayant porté atteinte à la fois à l'Église et à l'État, ayant inauguré parmi tant de bienfaits celui de la liberté individuelle, générale, européenne, c'est seulement depuis elle que sur la surface de la planète Terre plus d'une créature humaine est morte de faim.

Cette honte, ce désastre ne peuvent pas disparaître; pas plus que l'économie politique, l'économie sociale ne peut rien contre *l'over-trade*, le chômage, et il me faut en appeler à mon Apocalypse, à son terme le plus extrême « le petit État, le municipe, la « famille agrandie dans le Τὸ ἕν de l'huma- « nité » : en lui seul l'Église et l'État retrouveront cette vie de totalité, d'ensemble, à laquelle n'échappe plus aucun être vivant.

Je ne referai pas l'histoire des famines, depuis la terre de Chanaan et l'Égypte au temps de Jacob, depuis l'Empire romain sous Marc-Aurèle et sous Gallien, jusqu'en ce siècle même, jusqu'aux années 1812, 1817, 1829, 1847. Plus d'une fois, dans ma vie d'études et de voyages, j'ai médité longuement les inscriptions des hôtels de ville du moyen âge : *A peste, fame et bello, libera nos, Domine.* Mais autre chose est la famine, la détresse d'un peuple, autre chose la faim, le désespoir, la solitude, le suicide d'un être humain, au milieu des richesses, des splendeurs, des fêtes et des joies de Paris ou de Londres. Là est la marque, la faute, le déshonneur de la société actuelle : même au désert, les fauves meurent-ils jamais de faim?

X. — LE SOCIALISME DE TENDANCES. — Je viens de recevoir une brochure nouvelle sur les questions qui m'intéressent et j'en disserterai, car ma curiosité intellectuelle et scientifique n'a pas de limites. Cette publication anonyme procède de l'économie politique, elle en a toute la science, les déductions affirmatives, la solennité du *ipse dixit*. Et d'abord je m'y suis laissé prendre, d'autant mieux que la plume en est alerte, exercée, le burin d'une pointe très fine, ou si l'on veut une eau-forte de Rembrandt. Mais moi aussi, j'ai ma méthode et mes investigations; je vais droit au cœur et j'y pose ma main; or, je n'ai pas senti le plus faible battement.

Je prends alors plus de confiance et je relève l'injure. Ah! il n'y a que trois socialismes : le communisme, ou, comme on dit aujourd'hui de préférence, le collectivisme; l'intervention de l'État avec son budget mis au pillage; enfin, après les coupables viennent les suspects, les socialistes qui n'ont que des tendances. Pour un mathématicien, vous comptez mal, et pour un magister l'enseignement est incomplet et court. Que parmi nous, réformateurs, il y ait quelquefois des intentions seulement plutôt que des efficacités, j'en conviens et j'en citerai un exemple : les cercles d'ouvriers. Mais n'y a-t-il que des sentiments et des velléités à Rochdale, à Delitsch, à Munich, à Dresde, à Oxford, à Milan? Est-ce que Vansittart Neale, Schulze, Raiffeisen, Luzzatti, l'abbé Kistler, Wollemborg, Victor Böhmert, Sedley Taylor et tant d'autres n'apportent et n'ont apporté que des naïvetés, des scrupules ou des conseils? Pour en revenir à l'humble auteur de ces lignes, vieux clinicien dans l'administration et la politique, est-ce que c'est une tendance que ma réforme politique et administrative qui du jour au lendemain peut être inaugurée sur la surface entière du globe et qui, chimère aujourd'hui, sera réalité demain? mon conseil patronal ou d'usine, réunion de patrons à la fois et d'ouvriers, rapprochement, fusion, identité du capital et du travail?

Y. — GROUPE 10, SECTION XIV, A L'EXPOSITION DE 1889. — « Les mères, a dit Gœthe, sont assises dans les ténèbres. » Il exprimait ainsi et avec raison que les principes des choses nous échappent et se dérobent. Or il se trouve au contraire que les causes de mon socialisme — et il y en a quatre, — se présentent toutes au premier plan, en pleine lumière. Je les rappelle.

La première est cette belle fête du travail que la France a donnée à l'humanité dans l'Exposition universelle de 1889. La seconde le congrès de l'empereur Guillaume II en date du 4 février 1890. La troisième l'Encyclique du pape Léon XIII, en date du 15 mai 1891. La quatrième, enfin, le grabat actuel de ma détresse physique et morale, où j'ai pris cette résolution : « Que je fasse encore une bonne action avant que de mourir. » Je reviens à l'Exposition universelle et je m'arrête au Musée de l'Économique, à ses visions, à ses leçons de choses, plus particulièrement à ses Institutions patronales. En parler après M. Cheysson et son remarquable rapport me paraît difficile. Il vaut mieux lui laisser la parole et l'écouter avec la déférence et le respect que méritent ses hauts et profonds enseignements : je ne crains pas d'y insister quelque temps.

« S'il ne manque pas de personnes pour

« affirmer encore qu'entre patrons et ou-
« vriers tout rapprochement personnel est
« impossible et qu'il ne doit plus y avoir
« d'autres relations que celles de la vente et
« de l'achat du travail, c'est là une doctrine
« qui est de plus en plus contredite par les
« faits. Les patrons comprennent mieux
« chaque jour que les bons rapports avec
« leur personnel sont une nécessité écono-
« mique, j'allais presque dire technique,
« comme le bon état de l'outillage et du
« moteur; qu'ils constituent une condition
« essentielle au succès industriel et que le
« plus sûr moyen de les obtenir est d'amé-
« liorer le sort des ouvriers. De là ces mille
« combinaisons, dont la section XIV nous
« révèle l'admirable épanouissement. Comme
« l'a si bien dit un patron modèle, il faut

« choisir : ou accepter brutalement la lutte
« avec la main-d'œuvre, ou se la concilier
« en l'intéressant à la prospérité du capital.
« Partout, dans les sociétés anonymes comme
« dans les entreprises individuelles, on s'a-
« perçoit que ce dernier parti est le meilleur.
« Sauf dans certaines localités reculées où
« les mœurs sont restées simples, où l'on en
« est encore à la phase du patronage mili-
« taire ou patriarcal, sauf aussi aux débuts
« d'une installation d'usine où il faut courir
« au plus pressé, c'est le patronage libéral qui
« paraît s'imposer. La tutelle des ouvriers,
« si bienveillante qu'elle puisse être, a fait
« presque partout son temps ; elle les révolte
« et les offense comme un attentat contre
« leur liberté. Qu'on s'en attriste ou qu'on
« s'en irrite, cette disposition un peu ombra-

« geuse et farouche est celle de la plupart « des esprits. Les véritables maîtres dans la « société anonyme ce sont les actionnaires ; « or ils ne connaissent pas plus les ouvriers « que les ouvriers ne les connaissent. Quelle « différence, sous le rapport social, entre « un patron qui a le droit de songer à l'ave- « nir, dont les fils s'élèvent côte à côte avec « ceux des ouvriers, et un directeur qui peut « n'être qu'un fonctionnaire de passage, à « la merci du conseil d'administration. Il ne « gère pas sa chose propre, il ne trans- « mettra pas sa situation à ses enfants; il se « préoccupe surtout des résultats financiers « et cherche à couvrir sa responsabilité. De « leur côté les actionnaires, presque tous « incompétents et étrangers aux détails de « l'affaire, n'ont souci que du dividende et

« le prennent pour critérium unique de la « qualité de leurs mandataires, prêts à tout « absoudre, comme à tout condamner, sui- « vant le taux du coupon qu'on leur annonce « le jour de l'assemblée générale. L'un des « obstacles les plus sérieux de la paix sociale « dans les grands ateliers, c'est que la dis- « tance est trop considérable entre les ou- « vriers et l'état-major. Une pensée de bien- « veillance au sommet se transmet de proche « en proche par une série d'organes qui l'al- « tèrent en route et ne la laissent arriver que « travestie à destination. Le maître se blesse « de ce qu'une mesure généreuse ait été « mal appréciée et il ne se doute pas que le « contre-maître l'a trahie en la traduisant. Il « faut que, du haut en bas de l'échelle, on « apprécie l'importance des bons rapports

« dans l'atelier; qu'à côté du souci du prix « de revient et du dividende, on sache placer « la préoccupation de l'harmonie; que l'état-« major s'en inspire, qu'il en imprègne tous « les degrés de la hiérarchie et qu'il se rap-« proche des ouvriers pour étudier leur « esprit, leurs aspirations et leurs besoins. »

A ce grand et beau langage j'adhère de toutes mes forces, je me l'approprie, je m'en empare et j'en fais ma profession de foi. Cependant une conséquence nécessaire s'y ajoute, ou plutôt une condition première et préalable, c'est le conseil patronal, le conseil d'usine, institution qui en elle-même comprend et renferme toutes les autres, les domine, les vivifie et les parachève. Je demande à être jugé sur cette déposition, sur ce témoignage. J'ai pu m'en écarter au courant de cet écrit, je voudrais m'expliquer et me défendre.

L'art a occupé une grande place dans ma vie. Pendant de longues années la Muse à l'âme élevée qui élève, toute vêtue de blanc, avec des nimbes d'or, s'est tenue près de moi, austère à la fois et souriante, impérieuse et tendre ; elle m'a dominé.

Mon génie étonné tremble devant le sien.

J'ai donc pu, comme le grand artiste de ce siècle, comme le polyphoniste de Brunehilde et de Siegfried, présenter dans mes compositions des audaces et des dissonances. J'ai pu, comme d'autres de mes maîtres, Titien, Rubens, Murillo, donner un coup de pinceau trop éclatant et trop vif. Cependant, en définitive, je suis l'homme de la ligne, du contre-point et de la fugue ; et pour revenir au sujet qui m'est propre, le partisan et le disciple, en économie sociale, des institutions patronales.

Cependant, puisque je vais finir, un peu d'art et de poésie encore, un peu des *Fioretti* : « Hirondelles, mes sœurs, songez-vous à « rendre de continuelles actions de grâces au « Seigneur qui vous a donné ces deux longues « ailes avec lesquelles vous vous promenez « dans les campagnes du ciel ; ces eaux lim- « pides et claires que vous rasez en regardant « et baisant vos tremblantes images ; ce duvet « souple et moelleux qui vous recouvre ? « Agneaux, mes frères, songez-vous à rendre « de continuelles actions de grâces au Sei- « gneur qui vous a donné le lait nourrissant « et savoureux de vos mères, vos toisons blan-

« ches et pures? » Ouvriers, mes frères, songez-vous à rendre de continuelles actions de grâces au Seigneur, à la patrie française qui plus et mieux qu'aucune autre en ce monde a fait de vous et de nous tous, Français, des citoyens libres, des camarades égaux, des amis universels? « Qu'est-ce que cet appel « du plus grand nombre possible et succes- « sivement, de proche en proche, de toutes « les créatures humaines à l'intelligence, à « l'éducation, à l'aisance, à la vérité reli- « gieuse, au droit, sinon l'œuvre de l'his- « toire, de la civilisation, de la création « elle-même? »

J'ai pour devise : tout pour le peuple, devise égoïste, car si le peuple par définition est l'ensemble de ceux qui souffrent, je suis du peuple.

Z. — **LA QUESTION SOCIALE EST UNE QUESTION MORALE.** — Depuis l'équinoxe d'automne en 1890 jusqu'à son retour en 1893, j'ai été comme une victime expiatoire conduite vers les autels, destinée aux suprêmes sacrifices. Pendant le trajet et sur le seuil, me souvenant de mon maître Socrate, du *Phédon*, j'ai parlé pour spiritualiser, humaniser, sanctifier.

APPENDICE

Mon économie sociale se constitue de quatre idées, pas une de plus, pas une de moins. Je commence par cette négation, que l'état actuel est mauvais, que je me trouve au lit d'un malade et alors je cherche les remèdes.

J'ai imprimé : « Quand on aime le peuple, « c'est une sottise et un crime de lui enlever « l'idéal. La planète Terre est limitée, elle « est finie tout autant que ses produits, *ves-* « *titus, cibus, habitatio*. Le Beau, le Vrai, le

« Bien, sont au contraire indéfinis. Un seul « peut boire ce verre de vin, manger ce « morceau de pain : tous peuvent nourrir, « entretenir, exalter leur âme avec la *Neu-* « *vième Symphonie*, la *Passion* de Bach ; la « *Diane*, l'*Antiope*, la *Monna Lisa*, au Louvre ; « la Sainte-Chapelle et les tours Notre-Dame : « *Sumit unus, sumunt mille.* »

Puis, j'ai inscrit à Nice, entre la mer et les Alpes, au front de mon temple : Λογος. En effet, dans l'intelligence, dans la parole, dans le verbe divin et humain, sont renfermées toutes choses.

Cependant elles demeurent difficiles encore, compliquées, obscures, et insolubles presque, en cette question sociale, en ce conflit, ce duel, cette guerre du capital et du travail, du patron et de l'ouvrier. Ma méthode n'est donc pas dogmatique, exclusive, elle est l'éclectisme : je fais appel à tous les conseils, à tous les concours, à toutes les bonnes volontés, n'excluant que l'anarchie, la violence, la dynamite.

Après ma négation, après mon *sursum corda,* après mon *hominibus bonæ voluntatis,* j'arrive à mon initiative propre, mon invention, ma découverte; elle équivaut à la boussole, à l'imprimerie, elle l'emporte du tout au tout sur la poudre à canon : c'est mon conseil patronal ou d'usine. Jusqu'ici il a passé à peu près inaperçu, et je reprends ce que j'en ai dit l'année dernière.

« La manufacture apparaît au courant des « âges et des développements de la civilisa- « tion, comme une entité nouvelle qui s'ad-

« joint à l'entité primitive, la famille; aux
« deux autres qui l'ont suivie et accom-
« pagnée, la commune, la nation. Il y a là,
« en la puissante et féconde humanité, un
« organe de plus, une nouvelle fonction.

« Comment sera donc régie la manufac-
« ture? comment sera-t-elle gouvernée, ad-
« ministrée? Comme l'État, comme le muni-
« cipe, comme la famille, c'est-à-dire par un
« pouvoir exécutif et par un pouvoir déli-
« bératif, par une intelligence et par une
« volonté, ainsi que l'âme humaine. En effet,
« à côté du *paterfamilias*, il y a la famille,
« les anciens, les agnats, le conseil de fa-
« mille; à côté du chef, la tribu, le clan,
« leurs principaux guerriers, et, lorsque ce
« chef s'appellera le Roi, le conseil du Roi,
« les douze pairs, puis le conseil d'État. Plus

« tard, et d'une manière définitive, le Parle-
« ment, le Congrès, les Cortès, le Reichstag.

« J'arrive lentement mais sûrement à ma
« conclusion pratique. L'usine en est encore
« au gouvernement personnel, autocratique,
« arbitraire : elle doit se transformer, parve-
« nir et s'élever au gouvernement libre, re-
« présentatif, démocratique. Sur les sommets
« déjà du monde économique, pour les ban-
« ques et la finance, pour les grands travaux
« publics, des conseils ont été institués,
« celui par exemple de la Banque de France,
« — ses régents sont connus et célèbres ; —
« de même pour chacune de nos grandes lignes
« de chemins de fer, pour nos entreprises
« de messageries maritimes, pour Saint-Go-
« bain, pour la Vieille-Montagne ; cela doit
« se généraliser et s'étendre de proche en

« proche. Ce sont en effet comme les Cham-
« bres hautes d'un nouveau parlementa-
« risme ; mais il y faut aussi les chambres
« basses, il y faut, avec les représentants
« du capital, ceux du travail.

« Je m'en vais tracer les limites extrêmes.
« Je conçois le conseil patronal, à ses ori-
« gines, comme désigné, nommé par le pa-
« tron lui-même, avec une seule session
« annuelle de un ou de quelques jours ; plus
« tard, et dans son plein développement, je
« comprends ce conseil comme élu, élu par
« le suffrage restreint, puis universel, des
« ouvriers de l'usine ; ensuite, de période
« en période, de progrès en progrès, il tient
« quatre sessions, douze sessions, pour
« arriver enfin, comme le conseil muni-
« cipal lui-même, à une sorte de perma-

« nence chaque dimanche ou à peu près.

« Les morts vont vite ! Il en est de même « de ma vivante, ardente et comme inquiète « sociologie : elle a été mon vœu de malade « en 1891, et voilà que tout au commence- « ment de 1892, en ses bonds rapides et « presque révolutionnaires, elle atteint des « horizons au delà desquels je ne conçois, « je n'imagine rien de plus.

« Lorsque mon ami, M. Ch. Robert, m'en- « tretenait de la participation aux bénéfices, « volontiers je lui répondais : « Cela est « grave, cela est périlleux. Si l'ouvrier par- « ticipe aux dividendes, il faut qu'il surveille « et contrôle l'inventaire, qui en est le point « de départ et la base ; mais dans l'inven- « taire se trouve toute la gérance, toute la « direction de l'affaire ; la participation aux

« bénéfices entraîne comme une consé-
« quence nécessaire la participation au
« contrôle et à toutes choses. » A un an de
« distance, j'y consens, j'y consens tout à
« fait. Du fond de mon cabinet de travail,
« je pousse un ressort, et j'ai fait un 1688,
« j'ai fait un 1789.

« Mes dires sur la paix et la concorde en-
« tre le capital et le travail pour l'évolution
« progressive, ascendante de l'humanité, se
« trouvent expliqués par cette conclusion :

« Économie politique : Elle a créé un
« *novum organum*, l'usine. Économie so-
« ciale : Dans toute usine, il doit y avoir un
« conseil patronal. Économie psycholo-
« gique : Dans toute usine, il faut fabriquer
« de l'âme, de l'humanité.

« ..... La famille, la commune ou la cité, la

« nation, sont toutes nées et se sont déve-
« loppées, ont vécu avec un Dieu, une mo-
« rale, un droit. Cette fille perdue, l'usine,
« la dernière venue du genre humain,
« comme en une crise suprême, un enfante-
« ment pour la gloire ou pour l'opprobre,
« elle n'a rien, rien, rien qu'elle-même,
« elle seule.

« Je voudrais, du moins, comme l'a si
« bien dit mon éminent ami M. Émile Olli-
« vier, la former, la créer en un être juri-
« dique avec sa représentation légale, son
« conseil patronal élu un jour par le suffrage
« universel, et siégeant, délibérant, votant
« en permanence : ce que j'appelle, après
« l'âme des parents et des compatriotes,
« l'âme de l'usine.

« Sur mille usines en France et en Eu-

« rope, il y en a 999 qui vivent à l'état de « nature ou barbare; il y en a une qui vit à « l'état patriarcal. Plus que septuagénaire, « il me suffit de ce que j'ai fait à Baccarat; « mais si j'avais un fils, je lui dirais : « Sou- « viens-toi que les institutions patronales, « en tant qu'assistance et charité, sont insuf- « fisantes et précaires : il faut les insti- « tutions représentatives et consenties. » « J'avais commencé avec l'équité, et je ter- « mine par la justice, le droit.

« A l'avenir se trouve réservée la synthèse « de la justice et de la charité par l'évolu- « tion libérale et progressive du conseil « patronal.

« ..... Moi aussi j'ai ma solution ; elle est « empruntée à la politique, au centenaire, « à l'époque de 1789; elle repose sur la

« représentation, le conseil, la délibération « et le vote. Bien au delà, je la trouve dans « la pairie des monarchies barbares, dans « le concile et le *Dic Ecclesiæ*, dans le mu- « nicipe de l'univers romain.

« De même que l'impôt doit être consenti, « voté, le travail lui aussi doit être voté et « consenti. Seul le conseil patronal peut et « doit, dans chaque usine, en la variété et la « complexité des manifestations, des formes « et des développements de la richesse, fixer « la durée des heures de travail pour les « hommes, les femmes et les enfants (si les « femmes et les enfants sortent du foyer et « de l'école pour entrer dans l'atelier), dé- « terminer les rapports des patrons et des « ouvriers, et d'une manière générale décider « de toute chose. J'insiste sur l'un des points

« essentiels : la durée des heures de travail.
« Ces heures dépendent, de la même et
« identique manière qu'une fonction de sa
« variable, de l'indéfinité des lignes écono-
« miques, depuis les quatre côtés du carré
« jusqu'aux côtés innombrables de cette
« figure qui devient presque le cercle, c'est
« à savoir : la civilisation de chaque peuple
« et de chacune des divisions de ce peuple,
« la géographie, latitudes, longitudes, la
« race, son *vestitus*, *cibus*, *habitatio*, les mi-
« lieux, les traditions, l'histoire.

« Mais ce sont là des détails; je reviens à
« mon principe et à ma conclusion, à mon
« alpha et à mon oméga : j'ai institué le *self-*
« *government*, l'autonomie, le verbe des ma-
« nufactures.

« .....Je rappelle *in extremis* que j'ai résolu

« le problème social par mon conseil pa-
« tronal.

« J'ai procédé comme suit : 1. La poli-
« tique est antérieure et supérieure au socia-
« lisme, qui est beaucoup plus engagé
« qu'elle-même dans la matière ; il faut donc
« chercher la réponse, non pas dans le
« socialisme et dans la matière, mais dans
« la politique et dans l'esprit. 2. C'est ce
« qu'ont fait les États-Unis d'Amérique avec
« l'arbitrage si bien rappelé lors de son pas-
« sage à Paris par le grand archevêque de
« Saint-Paul en Minnesota, Mgr Ireland. Cet
« arbitrage politique et américain, je lui ai
« donné toute sa valeur en le rendant per-
« manent et préalable, c'est mon conseil
« patronal.

« Parce qu'il est de moi, parce qu'il est

« mon fils, ce n'est pas une raison, appa-
« remment, pour l'abandonner et le renier,
« quoique tous les amis auxquels je l'ai
« confié n'en aient eu nul souci. Quel est
« donc celui de mes amis qui a eu souci de
« l'une de mes pensées? ὦ φίλοι οὐκ εἶσι φίλοι. »

Telles étaient mes conclusions sociologiques en 1892, telles définitivement elles demeurent en 1893, et je les présente au public pour la seconde fois avec confiance, avec fermeté; d'autant plus et mieux que d'une part les appels discordants, les cris tumultueux et sauvages des révolutionnaires; d'autre part les doléances, les craintes, les découragements des conservateurs arrivent en même temps à mes oreilles. Il y a en ce moment des bornes qui poussent des gémissements à fendre l'âme : « Il est fort à craindre « que la classe dirigeante d'aujourd'hui ne « soit pas plus disposée à faire son examen « de conscience que ne l'était sa devancière « de l'ancien régime, et il y a grande appa- « rence qu'un Turgot, s'il venait se présen- « ter avec un programme de réformes éco- « nomiques et de gouvernement à bon mar- « ché, serait l'objet des risées des politiciens « et de leurs électeurs influents. Il faut en « prendre son parti, et puisque aucune ré- « forme n'est possible, se résigner de bonne « grâce à laisser faire le socialisme et à « laisser passer la révolution. » A moi les réformistes et nous vaincrons : *in nomine Dei et populi.*

TABLE

OUVRAGES DU MÊME AUTEUR

FRAGMENTS POLITIQUES, 3e ÉDITION. 1871-1872

LES POUVOIRS PUBLICS. 1873

LA RÉPUBLIQUE RÉFORMISTE. 1348

LA FOI, L'ESPÉRANCE ET LA CHARITÉ. 1882
LETTRES SUR LEURS STATUES.

LE PHILOSOPHE ET LA MUSE. 1884
DIALOGUES SUR LA MUSIQUE.

NOS HISTORIENS, 3e ÉDITION 1888-1890

ÆLIA, UNE ÉTUDE D'ESTHÉTIQUE. 1890

MES CONCLUSIONS SOCIOLOGIQUES 1892

ÉTUDES POLITIQUES ET LITTÉRAIRES DU Cte DE CHAMBRUN. 1889
PAR L'AUTEUR DE LA Ctesse JEANNE, 2e ÉDITION.

COMPTES RENDUS DE LA PRESSE. 1889
AVEC UNE INTRODUCTION PAR DICK MAY.

COMPTES RENDUS DE LA PRESSE, SUPPLÉMENT 1889
NOUVELLE INTRODUCTION PAR DICK MAY.

LA COMTESSE DE CHAMBRUN, SES POÉSIES. 1892

EN PRÉPARATION :

LES PRINCIPES DE LA CIVILISATION

Ut sint unum, sicut et nos.

I. Le christianisme et sa charité. — II. L'Économie sociale et son assistance, sa justice, entre le capital et le travail, entre le patron et l'ouvrier, par les pouvoirs constitutionnels, par la puissance publique et libre. — III. La Paix. — Après une période provisoire de l'équilibre, non plus par les congrès de l'Europe, mais par les publicités quotidiennes, les assemblées parlementaires, les souverainetés nationales; la paix définitive et perpétuelle, plus d'armées, plus de diplomaties, plus de grands États. — Les confédérations d'abord, ensuite le petit État, le municipe, la famille agrandie, dans le Τό ἕν de l'humanité. — IV. L'histoire générale, universelle, en son ascension, non pas chronologique, mais logique : 1. Λόγος humain : la Grèce, Rome, le XVIe siècle; 2. Λόγος divin : la Judée, le moyen âge, le XVIIe siècle; 3. Consommation des deux Λόγος : le XXIe siècle, les Américains et les Slaves. — V. Le système du monde a pour équation : le Beau, qui admire, qui espère; le Vrai, qui sait, qui croit; le Bien : il donne, il crée, il aime. — VI. Je suis moniste sur la terre et dans les cieux.

Paris. — Typ. Chamerot et Renouard, 19, rue des Saints-Pères. — 30519

www.ingramcontent.com/pod-product-compliance
Ingram Content Group UK Ltd.
Pitfield, Milton Keynes, MK11 3LW, UK
UKHW020231220726
13923UKWH00002B/600

9 782019 183356